nunocotoのテキスタイルで楽しむ
ほんとうに使える ベビーからの服とこもの

nunocoto 著

はじめに

わたしたちは「nunocoto」という、ベビー＆キッズのソーイングキットを販売するオンラインショップです。スタッフは皆お母さん。こんなのがあったらいいよね、というシンプルな気持ちを大切にしながら、スタイやかぼちゃパンツなど、簡単で可愛いキットを作って販売しています。

それからもう一つ、「nunocoto fabric」では、オリジナルのデザイナーズテキスタイル（生地）を扱っています。無地にはないプリント生地の魅力をもっと伝えたい、という思いで、色鮮やかな布たちと向き合う毎日です。

ところで
「ベビー×プリント生地＝最高最強の可愛さ」
だとひそかに思っています。えっこれ!? と思うような柄でも、「試しに作って着せてみたらすごく似合ってる!!」ということもしばしばです。ベビーの無垢さはほんとうにふところが広くて、それがまた、次も作ってあげよう、という気持ちの後押しになったりして。

この本では、そんなベビーのための服と小物のレシピをたくさん紹介しています。
アイテムとプリント生地の組み合わせは無限ですから、そこにあなただけの新しい「可愛い」を見つけてめいっぱい楽しんでいただけますように。

nunocoto

contents

- a　もくもくスタイ＆ハートスタイ ……p.6（p.33）
- b　天使のボンネット ……………p.7（p.34）
- c　とんがり帽子 …………………p.7（p.35）
- d　ふんわりロンパース …………p.8（p.36）
- e　らくちんオールインワン
　　ロンパース ………………… p.9（p.38）
- f　Aラインチュニック ………… p.10（p.40）
- g　バルーンパンツ ……………… p.11（p.42）
- h　かぼちゃパンツ ……………… p.12（p.29）
- i　まいにちのパンツ …………… p.13（p.44）
- j　リボンキャミソール ………… p.14（p.46）
- k　おめかしエプロンブラウス …… p.15（p.48）
- l　えりフリルのチュニック ……… p.16（p.50）
- m　おでかけ帽子 ……………… p.17（p.52）
- n　レディなヘアバンド ………… p.18（p.53）
- o　ハンサムベスト ……………… p.19（p.54）

p　おめかし蝶ネクタイ …………… p.19（p.57）

q　ガーランド ………………… p.20（p.58）

r　カシャカシャにぎにぎ ………… p.20（p.59）

s　ころころボール ……………… p.21（p.60）

t　ゆらゆらテトラモビール ………p.21（p.61）

u　ノーカラーコート …………… p.22（p.62）

＊（ ）内は how to make

how to make …………… p.23

基本的な道具 …………… p.24

本書で使った布 …………… p.25

ソーイングの基本 …………… p.26-27
ミシン糸とミシン針／ニット用の針と糸／
市販の布の幅いろいろ／布の名称／
布の水通しと地直し／ソーイングの基本用語

型紙の作り方／布の裁ち方 …………… p.28

もくもくスタイ&ハートスタイ

コーディネートの主役になってくれそうな、
ちょっと個性的な2つのデザインのスタイです。
ワンタッチのスナップボタンを使って、最後の仕上げも簡単に。
いろいろな柄の生地でたくさん作りましょう。

how to make p.33

b

天使のボンネット

退院時やお宮参りのときなどに赤ちゃんにかぶせたい、
やわらかなダブルガーゼで作るボンネット。
本物の天使のようなかわいさがたまりません。
とびきり肌触りのよい生地で作ってあげたいアイテムです。

how to make p.34

c

とんがり帽子

横から見たときのツンとしたラインがユニークな、
かぶるだけ＆のせるだけの帽子です。作るのも簡単です。
とっさのときの日よけにもいいので、
バッグの中に1枚入れておくと便利ですよ。

how to make p.35

ふんわりロンパース

肩ひもが背中でクロスするデザインのロンパースです。
切り替えが少ないので、テキスタイルの柄が映えます。
ウエストはゴムを入れ込んでぬうことで見た目もすっきり。
ユニセックスで長く着られるデザインです。

how to make p.36

e

らくちんオールインワンロンパース

赤ちゃんの時期にたくさん着せたいロンパース。
リネンやダブルガーゼなどの伸縮性のない生地で作っても
快適に脱ぎ着ができる、ゆったりめのデザインです。
パンツ部分はギャザーたっぷりで動きやすく。
インナーとのコーディネートが楽しい1枚です。

how to make p.38

f

Aラインチュニック

さりげないけれど絶妙なAラインで、
とても着心地の良いブラウスです。
どちらの身頃を前にしても着られます。
ちょこんとついた肩のフリルが上品なかわいさをプラス。
えりぐりはバイアステープ仕上げですっきりさせました。

how to make p.40

バルーンパンツ

裏地がある分、かぼちゃパンツよりはちょっと複雑ですが、
かわいさは抜群！ 裾にも隠しゴムを入れて全体のシルエットを
ふんわりと整えます。春夏はそのまま1枚で、
秋はレギンスやタイツと合わせてはいてくださいね。

how to make p.42

h

かぼちゃパンツ

いくつも作ってあげたいかぼちゃパンツ。
赤ちゃんのかわいらしさをぐっと引き出してくれる
基本のアイテムだからこそ、シルエットにこだわりました。
裾まわりは別布をバイアスでつけることでかわいいアクセントに。
はじめてのベビー服作りに最適です。

how to make p.29

まいにちのパンツ

毎日はきたいシンプルな形のパンツです。
日常着として何枚持っていても使えるので、
好きな生地で気軽に作ってみてくださいね。
左右身頃を縫い合わせるだけの簡単な作り方です。
保育園のお着替え用にも大活躍してくれます。

how to make p.44

j

リボンキャミソール

背中でクロスするリボンがキュートな、ギャザーつきキャミソールです。
インナーの上にさらっと重ねて着るとかわいいですよ。
ひもだけ別の生地に替えてみても。

how to make p.46

おめかしエプロンブラウス

裾に向かってふんわりと広がるデザインが愛らしい、
ノースリーブのエプロン風ブラウス。
普段からおでかけ時まで、どんなシーンにも使いやすい1枚です。
サイドスリットはオープンで、結んだリボンたちがアクセントに。
細いひもを作るのが大変なら、市販のリボンでも代用可です。

how to make p.48

えりフリルのチュニック

ギャザーたっぷりのえりフリルがフォトジェニックなデザイン。
シンプルなボトムにさらりと合わせるだけで
コーディネートが華やかになります。
首まわりはゴム仕様ですっぽりとかぶるだけなので脱ぎ着もらくらく。
何枚も作りたくなるトップスです。

how to make p.50

おでかけ帽子

赤ちゃん〜2歳ぐらいまで使える、デイリーに活躍してくれる帽子です。
抱っこひもの中でもかぶせられるからとても便利。
内側にゴムを通しているので、さっとかぶれるのに脱げにくいデザインです。
リバーシブルタイプなので、布選びも楽しくなりそう。

how to make p.52

レディなヘアバンド

記念日フォトなどに使えそうなヘアバンドは、
赤ちゃんの時期だけのスペシャルなアイテム。
コーディネートのさりげないアクセントになってくれます。
チュール生地は扱いが難しそうに見えますが、
布端を切りっぱなしのままでも使える便利な素材です。
how to make p.53

ハンサムベスト

おめかし蝶ネクタイ

ちょっとしたおでかけから
オケージョンシーンまで使える蝶ネクタイとベスト。
シンプルなシャツに合わせるだけで
品よく、かっちりした印象に。
蝶ネクタイはたくさん作って、お友達への
気軽なギフトにもおすすめです。
ベストは最後に一気にひっくり返すところがポイントです。

how to make p.54·57

q ガーランド

カシャカシャ
にぎにぎ

S
ころころボール

ベビーのおひるね中に気軽にチクチクを楽しめるような、
小さくてかわいい小物たちです。作り途中に手を止めて大丈夫。
時間ができたときにまた再開すればいいぐらいの気楽さが
ママにはちょうどいいですよね。
ためておいた端切れが活躍しそうです。
how to make p.58-61

t
**ゆらゆら
テトラモビール**

U

ノーカラーコート

表生地にはふわふわのボアやフリース生地などを、
内側になる裏生地にはお好きなコットン生地を合わせましょう。
表本体と裏本体をそれぞれ作って最後に縫い合わせます。
冬のおでかけが楽しくなりそうな、
カーディガン感覚のノーカラーコートです。

how to make p.62

how to make

北欧風なデザイン、水彩画タッチのデザイン、
シンプルなドットやチェック柄など、
素敵なファブリックで、子ども服を作ってみませんか。

[70cm、80cm、90cmサイズの子ども服]

■この本の子ども服作品は下記サイズをもとにしたものです。
　身長70cm、80cm、90cmのお洋服ですが、
　作品によっては、70cmと80cm、あるいは80cmと90cm展開となっております。
　お子さんのサイズに合わせて型紙を選んでください。
　ワンピースの着丈やパンツ丈などはお子さんに合わせて調節してください。

[材料と裁ち方について]

■ how to makeページの「材料」では子ども服は70cm、80cm、90cmの場合の材料を記載しました。
　指定のない1つの数字は全サイズに共通です。
■裁ち方図や作り方図内に並んでいる数字は70cm、80cm、90cmの場合の順です。
■布を裁つときは裁ち方図を参考にしてください。裁ち方はサイズによって配置が異なる場合があります。

[参考サイズ]

70　……6か月くらい。身長70cm、体重8〜10kg
80　……1歳くらい。身長80cm、体重10〜12kg
90　……2歳くらい。身長90cm、体重12〜14kg

基本的な道具

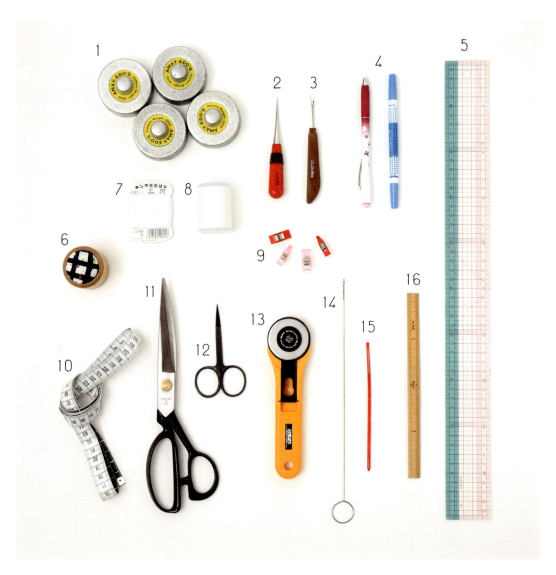

1. ウエイト
布に型紙を置いてカットするときや、布を「わ」にしてカットするときなどに、ずれないように固定するために使います。

2. 目打ち
ひっくり返した角を整えたり、縫い目をほどくときに使います。

3. リッパー
縫い目の糸切りや、ボタンホールをあけるときに使用します。

4. チャコ
布地に型紙を写すときや、縫いしろの印つけに使い、ペンシルタイプや水で簡単に消せるものなどあります。

5. 方眼定規
製図で平行線を引くときに便利です。

6. 針山
まち針や手縫い針などを休ませておきます。

7. 手縫い糸
ボタンつけやスナップつけに使います。

8. ミシン糸
ミシンや布によって適した太さや色の糸を選びます。

9. 手芸クリップ
まち針の代わりとして、布と布をずれないようにとめます。またゴム通しなどのときにも使えて便利です。

10. メジャー
体や服などの立体的なもののサイズを測るときに使います。

11. 裁ちばさみ
布を裁つ専用のはさみです。布以外のものを切らないようにしましょう。

12. 糸切りばさみ
糸を切ったり、細かな切り込みを入れたりするときに使います。

13. ロータリーカッター
カッティングマットの上に布を置いて円形の刃を転がして裁断します。

14. ループ返し
先がカギになっているので、細く縫ったひもなどを裏返すのに便利。

15. ゴム通し
ウエストにゴムを通すのに使います。細くてやわらかいものは、しなりがきいて使いやすいです。

16. ものさし
縫いしろを測ったりするときに使います。このサイズは、さっと使えて重宝します。

本書で使った布

本書で使用した布地はすべて、nunocotoおよびnunocoto fabricで販売しているものです。
100%コットンの天然素材にプリントされています。かわいく楽しげなモチーフが特徴です。

dottriangle
（レッド）

tiny garden
（ブルー）

chiasma
（レッド）

osanpo
（ホワイト）

dottriangle mini
（グレー）

TENT
（カラフル）

tree
（イエロー）

tile
（ピンク）

plantlife
（カラフル）

inkdot
（グリーン）

JOCKEY
（スカイブルー）

ストロベリーキャンドル
（小）

party
（ホワイト）

hoop
（シアーピンク）

flowertile
（ブルー）

circus
（ピンク）

madomado
（イエロー）

Block
（春）

ソーイングの基本

[ミシン糸とミシン針]

ローンなどごく薄い布 ── 90番の糸／9号針
普通の厚さの布 ──── 60番、50番の糸／11号針
普通～厚地の布 ──── 30番の糸／14号針

[ニット用の針と糸]

ニット地を縫うには、ニット用の針と糸を使用します。
ミシンはロックミシンがおすすめです。
直線用ミシンで縫うときは、伸びる部分を縫い合わせるときなど、伸び止めテープを貼って縫います。

[市販の布の幅いろいろ]

90～92㎝ ──── ギンガムやシルク、ブロードなど
110～120㎝ ── コットンやリネン、化繊など
140～180㎝ ── ウールやニット地など

※nunocoto fabricで扱っている布は「100％コットン（オックス）」のみです。布幅は110㎝でプリント部分は幅108㎝です。

[布の名称]

布幅 ──── 布の横地の耳から耳まで。
耳 ───── 織り糸が折り返している両端。
縦地 ──── 耳に平行している布目で、
　　　　　裁ち方図に矢印で示しています。
横地 ──── 耳に対し直角の布目
バイアス ── 縦地に対して45度の角度。
　　　　　伸びやすい。

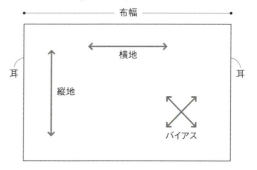

[布の水通しと地直し]

リネンや綿は洗濯によって縮む場合もあり、また布目がゆがんでいる場合もあるので、縫う前に「地直し」をして布目を真っすぐにします。

 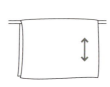 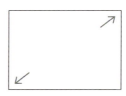 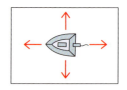

1. 水につけます。
2. 陰干しします。
3. 半乾きの状態で地直しします。角が直角になるように引っ張ります。
4. 半乾きの状態で布目に沿ってアイロンをかけます。

［ソーイングの基本用語］

■ わ

布地を二つに折ってできる部分を「わ」といいます。

■ 縫いはじめ、縫い終わり

縫いはじめや縫い終わりは、糸がほつれないように1cmほど重ねて返し縫いします。

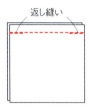

■ 中表と外表

布地の表と表を向かい合わせて重ねることを「中表」といい、裏と裏を向かい合わせて重ねることを「外表」といいます。

■ 三つ折り

でき上がり線で一度折り、さらに布端を内側に入れて折ります。裾などの始末に使います。

■ 四つ折り

端と端を中心に合わせて折り、さらに中心で折ります。ひもやバイアス布を作るときに。

 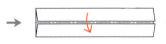 

■ バイアス布を作る

布目に対して45度の角度で必要な布幅にカットします。

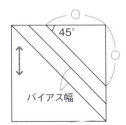

■ バイアス布のはぎ方

2枚のバイアス布を中表に直角に合わせて縫います。縫いしろを割り、余分な縫いしろをカットします。

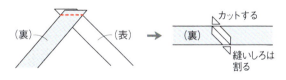

■ ボタンホールの作り方

 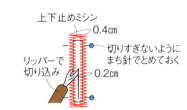

1. チャコペンでボタンホールを描きます。
2. 細かい目のジグザグミシンをかけます。
3. リッパーで切り込みを入れます。

［型紙の作り方］

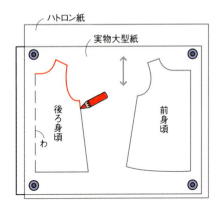

1. 実物大型紙の上にハトロン紙とかトレーシングペーパーなどをのせ、ウエイトでずれないように固定して鉛筆で写します。「わ」や「布目線」「ポケットつけ位置」なども写します。

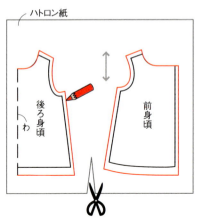

2. 実物大型紙からはずし、裁ち方図を参照して縫いしろをつけて線を引きます。縫いしろ線のところをはさみで切ります。

［布の裁ち方］

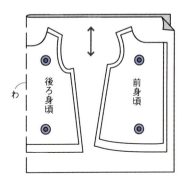

1. 裁ち方図を参考に、布目線が真っすぐになるように布を中表にたたみ、上に型紙を置きます。型紙の「わ」と布のわを合わせます。ウエイトで動かないように固定します。

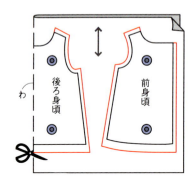

2. 布は平らに置き、なるべく布を動かさないようにカットします。裁つ前に一度、間違っていないか確認しましょう。

■ 角の部分を裁つときのポイント

角の部分は縫いしろが不足しないように注意。図のように縫いしろを折りたたんだ状態にしてカットするとよいでしょう。

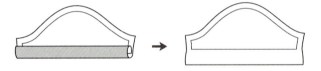

h かぼちゃパンツ

photo p.12

[材料]

表布　35cm×110cm幅
※90cmサイズの場合はタテ70cm×ヨコ60cm
バイアステープ用布（市販品でも可）　4cm×32cm
ゴム　1.5cm×40cm程度

[実物大型紙]　A面

・パンツ

[裁ち方図]

単位cm　縫いしろは指定以外1cm

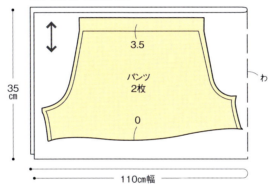

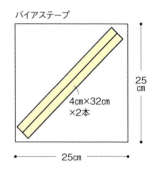

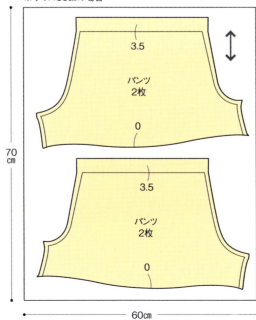

how to make　※見やすいように赤色の糸を使っています。

1　裾にギャザーを寄せる

①端から0.5cmと0.8cmの位置に、粗ミシンをかけます。糸端を10cmほど残しておきます。

②粗ミシンの、それぞれ下側の糸を引いて、ギャザーを均等に寄せます。

③長さが32cmになるように、ギャザーを寄せます。

2　裾をバイアステープでくるむ

①バイアステープの片側を、アイロンで0.7cm折ります。

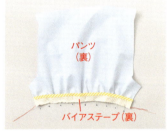
②バイアステープの折っていないほうを、パンツの裾の裏にまち針でとめます。

③縫うときは表を上にして縫います。

④縫いしろ1cmで縫い合わせます。

⑤バイアステープで裾をくるんで、まち針でとめます。

⑥端から0.2cmのところを縫います。

3 股下を縫う

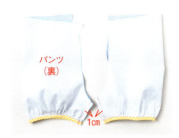

①パンツを、それぞれ中表に合わせて、股下を縫いしろ1cmで縫い合わせます。

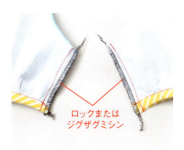

②縫いしろは2枚一緒にロック、またはジグザグミシンをかけます。

③ロックミシンをかけたときの余った糸端(空環)は、とじ針に通して、縫い目の中に入れて始末します。

4 股上を縫う

④縫いしろを後ろ側に倒し、表から押さえのステッチを入れます。

①股上の縫いしろに、ロックまたはジグザグミシンをかけます。

②片一方を裏にして、もう一方を中に入れて重ねます。

③股上を縫いしろ1cmで縫い合わせます。

④後ろ身頃の中心部分は、ゴム通し口として2cm縫い残します。

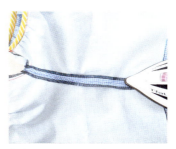

⑤縫いしろをアイロンで割ります。

5 ウエストを縫いゴムを通す

①後ろ中心の縫い残した部分を四角に縫い、ゴム通し口を仕上げます。

②ウエストを、1cm→3.5cmで三つ折りにしてアイロンをかけます。

※拡大

③端から0.2cmのところを縫います。

④ゴムを通して、端を1cmずつ重ね、四角く縫いとめます。

完成

もくもくスタイ&ハートスタイ

photo p.6

[材料]

- もくもくスタイ
  縦30cm×横35cm×2枚
- ハートスタイ
  縦30cm×横25cm×2枚
- 共通
  面ファスナー 2cm幅×2cm

[実物大型紙] B面

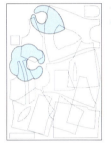

- もくもく
- ハート

[裁ち方図]

単位cm　縫いしろは1cm

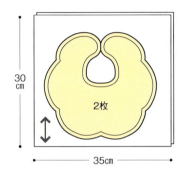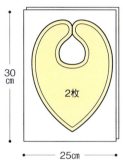

how to make

1 表布と裏布を中表に縫い合わせる

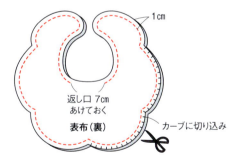

2 表に返して返し口をとじる

3 面ファスナーをつける

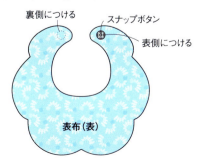

b 天使のボンネット

photo p.7

[材料]

表布　40cm×80cm
バイアステープ（ガーゼまたはニット）　12mm幅×30cm
グログランリボン　80cm

[実物大型紙]　B面

・本体
・頭部
・つば

[裁ち方図]

単位cm　縫いしろは指定以外1cm

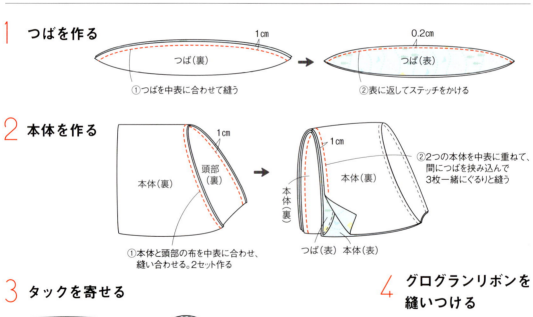

how to make

1 つばを作る

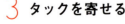

①つばを中表に合わせて縫う　→　②表に返してステッチをかける

2 本体を作る

①本体と頭部の布を中表に合わせ、縫い合わせる。2セット作る

②2つの本体を中表に重ねて、間につばを挟み込んで3枚一緒にぐるりと縫う

3 タックを寄せる

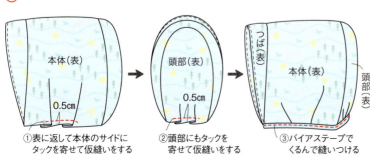

①表に返して本体のサイドにタックを寄せて仮縫いをする　0.5cm

②頭部にもタックを寄せて仮縫いをする　0.5cm

③バイアステープでくるんで縫いつける

4 グログランリボンを縫いつける

グログランリボンを縫いつける

C とんがり帽子

photo p.7

[材料]

表布　30cm×55cm
内布　30cm×55cm

[実物大型紙]　B面

・表布
・内布

[裁ち方図]

単位cm　縫いしろは1cm

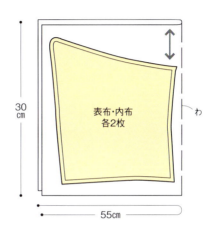

表布・内布 各2枚
30cm
55cm
わ

how to make

1 タックを作って仮縫いする

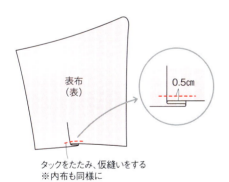

表布（表）
0.5cm

タックをたたみ、仮縫いをする
※内布も同様に

2 表布、内布、それぞれ中表で縫い合わせる

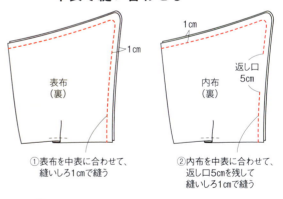

表布（裏）　1cm
内布（裏）　1cm　返し口 5cm

①表布を中表に合わせて、縫いしろ1cmで縫う

②内布を中表に合わせて、返し口5cmを残して縫いしろ1cmで縫う

3 表布、内布を中表で重ねて縫い合わせる

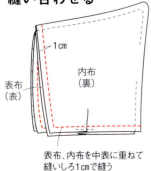

1cm
表布（表）
内布（裏）

表布、内布を中表に重ねて縫いしろ1cmで縫う

4 表に返して返し口をまつる

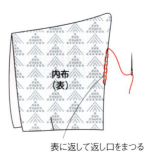

内布（表）

表に返して返し口をまつる

d ふんわりロンパース

photo p.8

[材料]

表布　100cm×110cm幅
ゴム　1.5cm幅×20cm
ゴム　0.8cm幅×26.5cm（縫いしろ込み）×2本
リボン　1cm幅×5cm

[実物大型紙]　A面

・前身頃
・見返し
・後ろ身頃
・ひも

[裁ち方図]

単位cm　縫いしろは指定以外1cm

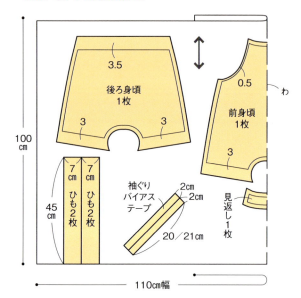

how to make

1 肩ひもを作る

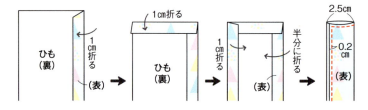

2 布端を始末する

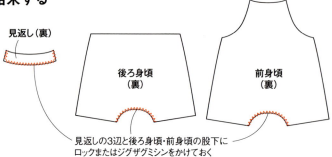

見返しの3辺と後ろ身頃・前身頃の股下に
ロックまたはジグザグミシンをかけておく

3 前身頃と見返しと肩ひもとバイアステープを一緒に縫う

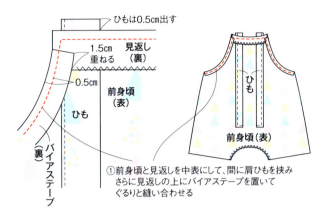
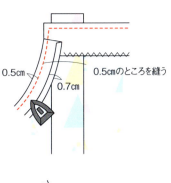
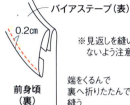

4 後ろ身頃を作る

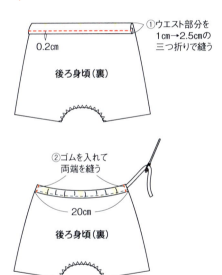

5 本体を縫う

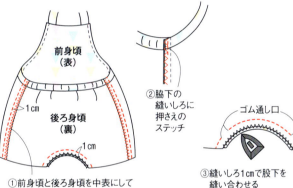

6 裾を仕上げる

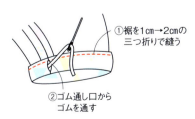

7 ボタンをつける

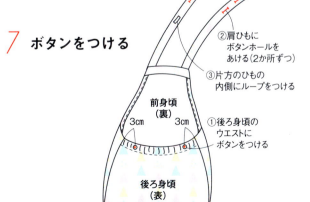

e らくちんオールインワンロンパース

photo p.9

[材料]

表布　70cm×110cm幅
接着芯　少々
スナップボタン　直径8mm×6個

[実物大型紙]　A面

- 前身頃
- 後ろ身頃
- パンツ

[裁ち方図]

単位cm　縫いしろは指定以外1cm

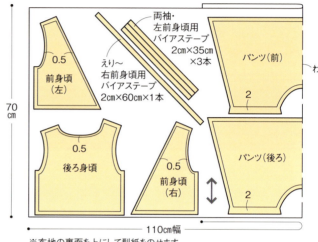

※布地の裏面を上にして型紙をのせます

how to make

※準備：左肩2cmと股下布に接着芯を貼る

1 パンツの脇を縫う

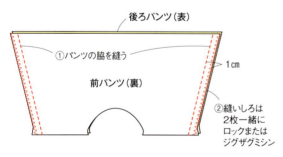

2 パンツの裾を縫う

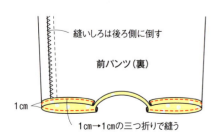

3 前後身頃を中表に合わせ右肩を縫う

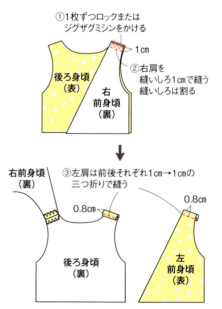

4 脇を縫う

後ろ身頃（表）

左前身頃（裏）　右前身頃（裏）

1cm　　　1cm

中表に合わせて
縫いしろ1cmで縫う
縫いしろは2枚一緒にロック
またはジグザグミシンをかける
後ろ側に倒す

5 袖とえりをバイアステープでくるむ

0.5cm

身頃（表）

縫いしろ0.5cmで縫う

↓

裏から縫う　　裏に返して端から0.2cmで縫う

0.2cm

身頃（裏）

※袖も同様
※左肩は端を折りたたむ

1cm折る　（表）

左肩のバイアステープの端の処理

1cm折る　（表）

右の袖ぐりのバイアステープの端の処理

1cm程度重ねて縫う

6 パンツと身頃を縫い合わせる

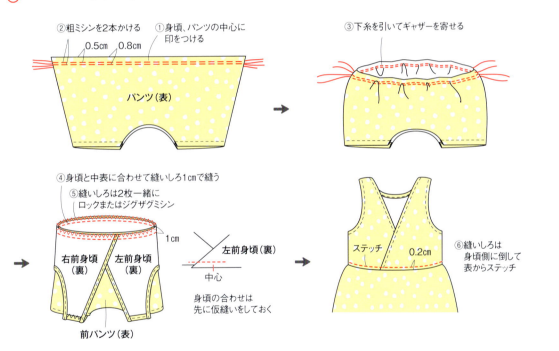

①身頃、パンツの中心に印をつける
②粗ミシンを2本かける　0.5cm　0.8cm
パンツ（表）

③下糸を引いてギャザーを寄せる

④身頃と中表に合わせて縫いしろ1cmで縫う
⑤縫いしろは2枚一緒にロックまたはジグザグミシン
1cm
右前身頃（裏）　左前身頃（裏）
前パンツ（表）

左前身頃（裏）
中心
身頃の合わせは先に仮縫いをしておく

ステッチ　0.2cm
⑥縫いしろは身頃側に倒して表からステッチ

7 股下を縫う

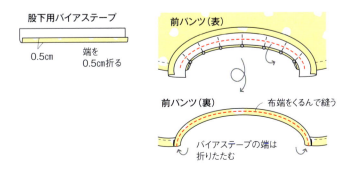

股下用バイアステープ
0.5cm　端を0.5cm折る

前パンツ（表）

前パンツ（裏）　布端をくるんで縫う

バイアステープの端は折りたたむ

8 肩と股下にスナップをつける

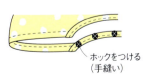

ホックをつける（手縫い）

f Aラインチュニック

photo p.11

[材料]
表布　85cm×110cm幅
ボタン　直径1cm×5個

[実物大型紙]　A面

・前身頃
・後ろ身頃
・肩フリル

[裁ち方図]　単位cm　縫いしろは指定以外1cm

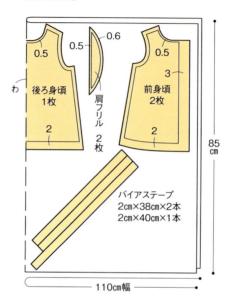

how to make

1 前立てを始末する

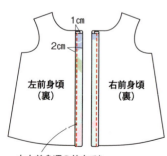

左右前身頃の前立てを、
1cm→2cmの三つ折りで縫う

2 肩を縫う

①縫いしろにそれぞれロックまたはジグザグミシンをかける
②前後身頃を中表に合わせて肩を縫う
③縫いしろはアイロンで割る

3 肩フリルをつける

①カーブ部分を0.3cm→0.3cmの三つ折りで縫う
②粗ミシンを2本かける

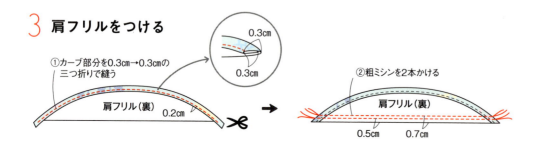

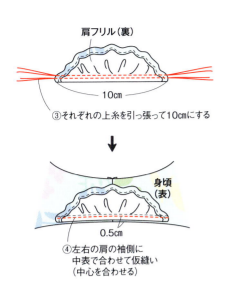

4 バイアステープをつける

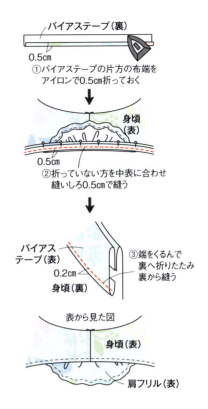

5 えりぐりを始末する

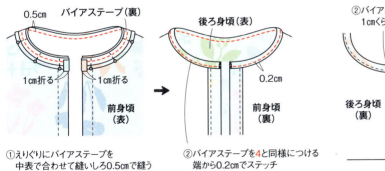

6 脇を縫う

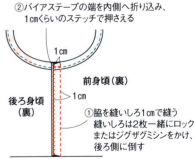

7 裾を縫う

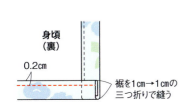

8 ボタンをつける

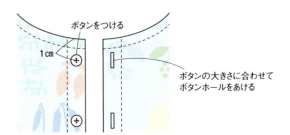

9 バルーンパンツ

photo p.11

[材料]

表布　70cm×110cm幅
内布　30cm×110cm幅
ゴム　0.3cm幅×34cm（縫いしろ込み）×2本
ゴム　1.5cm幅×50cm程度

[実物大型紙]　A面

・前パンツ
・後ろパンツ
・裏パンツ
・ベルト

[裁ち方図]

単位cm　縫いしろは指定以外1cm
用尺は上から身長70／80／90cmの順

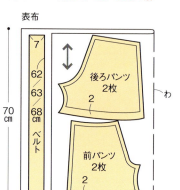

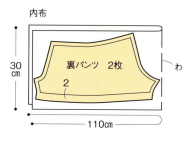

how to make

1 表パンツの脇を縫う

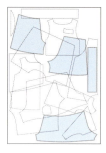

①表パンツの前と後ろを中表に合わせて、脇を縫いしろ1cmで縫う
②縫いしろはアイロンで割る

2 表パンツの裾にギャザーを寄せる

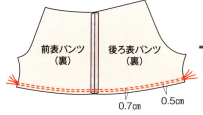

①表パンツの裾から0.5cmと0.7cmに粗ミシンをかける

②粗ミシンの糸を引き、ギャザーを寄せ、裏パンツの裾の長さと合わせる

3 表パンツと裏パンツを縫い合わせる

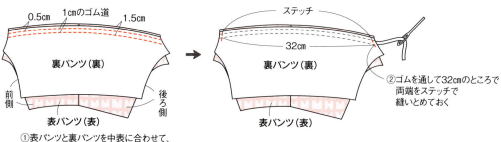

①表パンツと裏パンツを中表に合わせて、裾を端から0.5cm、1.5cmで縫い、ゴム道幅1cmを作る

②ゴムを通して32cmのところで両端をステッチで縫いとめておく

4 表パンツ、裏パンツ それぞれの股上を縫う

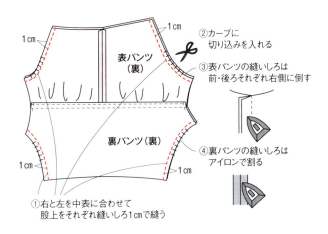

5 股下を縫う

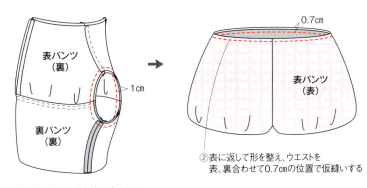

6 ウエストベルトをつける

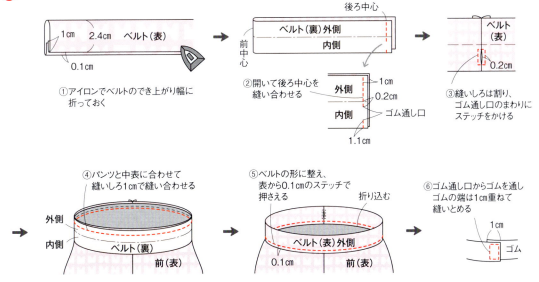

i まいにちのパンツ

photo p.13

[材料]

表布　50cm×110cm幅
ゴム　1.5cm幅×40cm程度

[実物大型紙]　A面

・パンツ
・ポケット

[裁ち方図]

単位cm　縫いしろは指定以外1cm

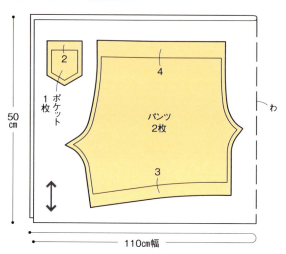

---

how to make

1 ポケットをつける

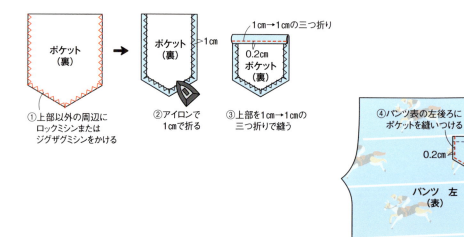

2 股下を縫う

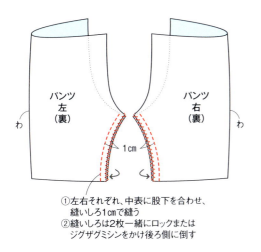

① 左右それぞれ、中表に股下を合わせ、縫いしろ1cmで縫う
② 縫いしろは2枚一緒にロックまたはジグザグミシンをかけ後ろ側に倒す

3 股上を縫う

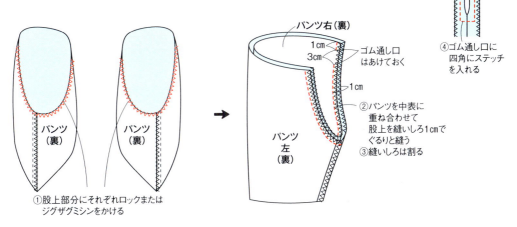

① 股上部分にそれぞれロックまたはジグザグミシンをかける
② パンツを中表に重ね合わせて股上を縫いしろ1cmでぐるりと縫う
③ 縫いしろは割る
④ ゴム通し口に四角にステッチを入れる

4 裾を縫う

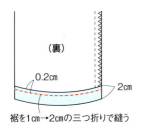

裾を1cm→2cmの三つ折りで縫う

5 ウエストを始末する

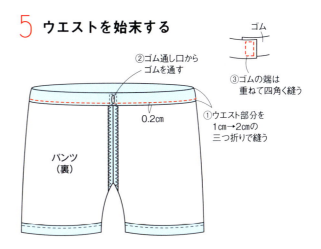

① ウエスト部分を1cm→2cmの三つ折りで縫う
② ゴム通し口からゴムを通す
③ ゴムの端は重ねて四角く縫う

j リボンキャミソール

photo p.14

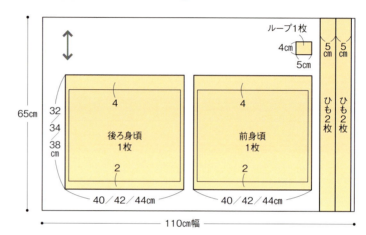

[材料]

表布　65cm×110cm幅
ゴム　0.8mm幅×50cm程度

[裁ち方図]

単位cm　縫いしろは指定以外1cm
用尺は上（左）から身長70／80／90cmの順

how to make

1 前後身頃を中表に縫い合わせる

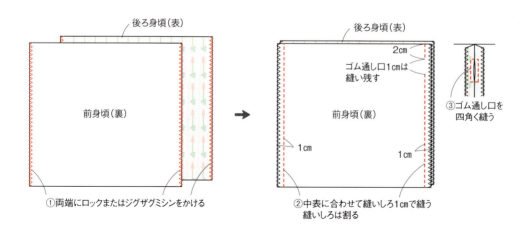

2 ひもを作る

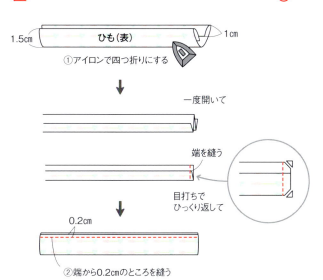

3 身頃にひもを挟んで縫う

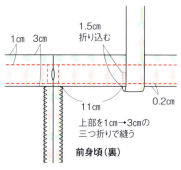

4 後ろ身頃にループを縫いつける

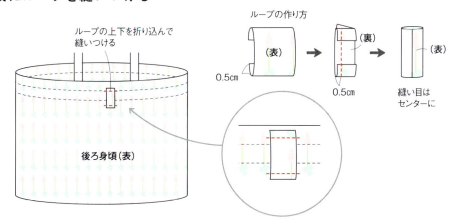

5 裾を縫う

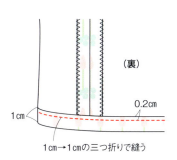

6 ゴムを通してひもを結ぶ

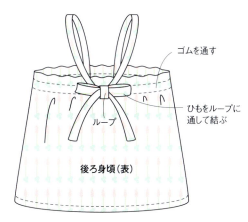

おめかしエプロンブラウス

photo p.15

[材料]
表布　40cm×110cm幅
スナップボタン　直径8mm×2個

[実物大型紙]　B面

・前身頃
・後ろ身頃

[裁ち方図]
単位cm　縫いしろは指定以外1cm

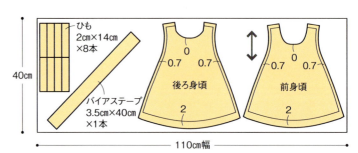

how to make

1 前後身頃の右肩を縫い合わせる

2 身頃の脇をそれぞれ縫う

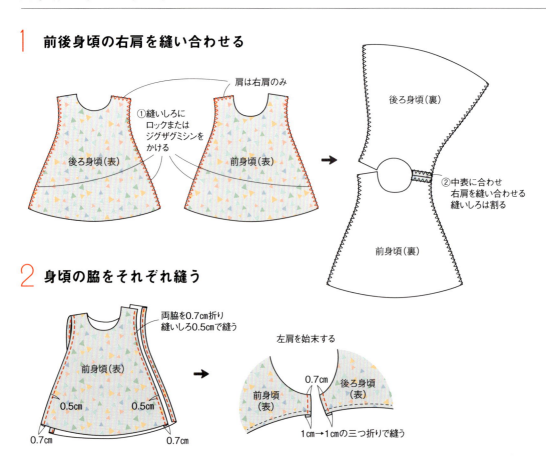

3 前身頃のタックを縫う

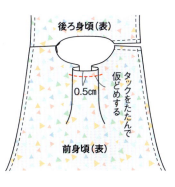

4 えりぐりをバイアステープでくるむ

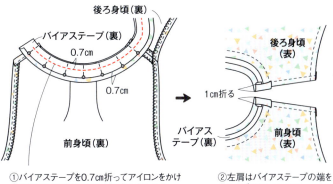

①バイアステープを0.7cm折ってアイロンをかけ身頃の裏に縫いしろ1cmで縫い合わせる

②左肩はバイアステープの端を1cmずつ折ってくるむ

③襟ぐりをバイアステープでくるんで表からステッチ

5 裾を縫う

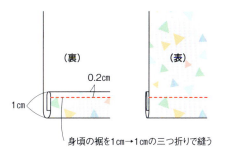

身頃の裾を1cm→1cmの三つ折りで縫う

6 脇にひもを縫いつける

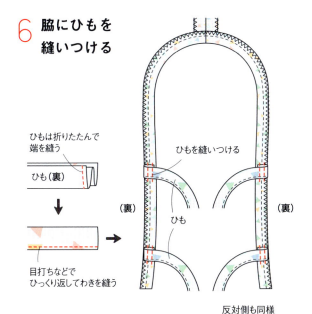

反対側も同様

7 左肩にスナップをつける

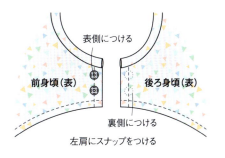

左肩にスナップをつける

えりフリルのチュニック

photo p.16

[材料]

表布　70／100cm×110cm幅
ゴム　0.8cm幅×36cm
ボタン　直径1cm×1個

[実物大型紙]　B面

・前身頃
・後ろ身頃

[裁ち方図]

単位cm　縫いしろは指定以外1cm

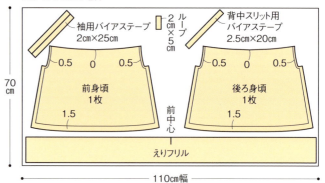

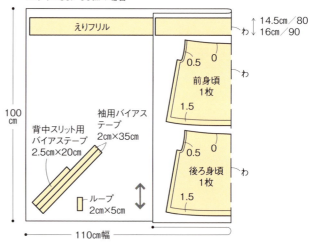

how to make

1 ループを作る

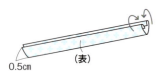

2 背中スリットを始末する

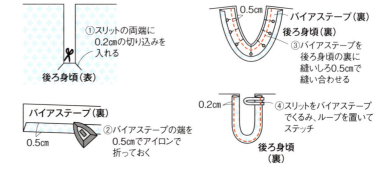

3 前後身頃の脇を縫う

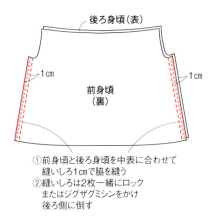

①前身頃と後ろ身頃を中表に合わせて縫いしろ1cmで脇を縫う
②縫いしろは2枚一緒にロックまたはジグザグミシンをかけ後ろ側に倒す

4 袖ぐりを始末する

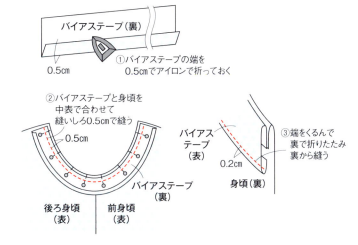

①バイアステープの端を0.5cmでアイロンで折っておく
②バイアステープと身頃を中表で合わせて縫いしろ0.5cmで縫う
③端をくるんで裏で折りたたみ裏から縫う

5 えりフリルを作る

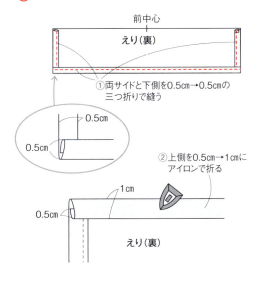

①両サイドと下側を0.5cm→0.5cmの三つ折りで縫う
②上側を0.5cm→1cmにアイロンで折る

6 えりフリルを身頃につける

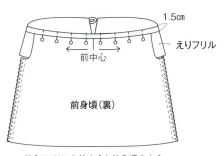

①えりフリルの前中心と前身頃の中心を合わせて、前中心から身頃の左右の端に向けて順番にまち針でとめていく
②後ろ中心も同様に、まち針をとめる

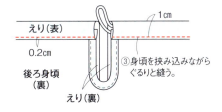

③身頃を挟み込みながらぐるりと縫う。

7 ゴムを通す

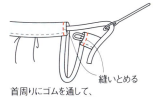

首周りにゴムを通して、ギャザーを寄せて両端を縫いとめる

8 裾を縫う

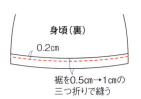

裾を0.5cm→1cmの三つ折りで縫う

9 ボタンを縫いつける

ボタンを縫いつける

おでかけ帽子

photo p.17

[材料]
表布　30cm×110cm　　ゴム　0.3cm幅×40cm
内布　30cm×110cm　　ボタン　直径1cm×1個

[実物大型紙]　A面
・クラウン

[裁ち方図]
単位cm　縫いしろは指定以外1cm

表布・内布各4枚

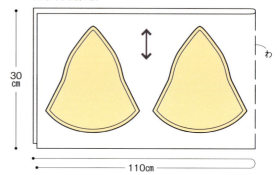

how to make

1　表布、内布それぞれ4枚を縫い合わせる

①表布、内布それぞれ4枚を縫い合わせる
②内布には返し口、ゴム通し口をあけておく

2　表布と内布を中表で重ねて縫う

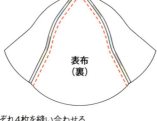

内布は1か所返し口を8cmあけておく

表布、内布を中表で重ねて周囲をぐるりと縫い合わせる

3　表に返して返し口をまつる

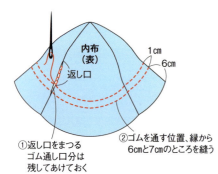

①返し口をまつる　ゴム通し口分は残してあけておく
②ゴムを通す位置、縁から6cmと7cmのところを縫う

4　ゴムを通す

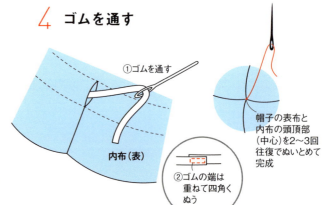

①ゴムを通す
②ゴムの端は重ねて四角くぬう

帽子の表布と内布の頭頂部(中心)を2〜3回往復でぬいとめて完成

レディなヘアバンド

photo p.18

[材料]

ひも用布（綿） 5cm×40cm
リボン用布（チュールなど）
10cm×10cm、7cm×7cm、5cm×5cm
面ファスナー（粘着タイプ） 2cm×2cm×2枚

[寸法図]

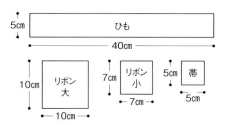

how to make

1 ひもを作る

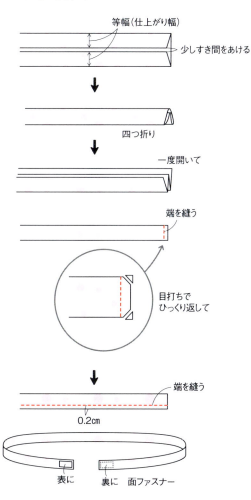

2 リボンを作る

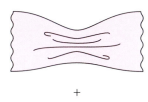

中央をつまんでギャザーを寄せる
大小2つ作り、重ねる

3 リボンにひもをとじつける

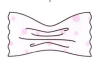
中央の帯ひもを作る

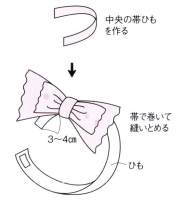

ハンサムベスト

photo p.19

[材料]

表布　40cm×110cm幅
裏布　40cm×110cm幅
ボタン　直径1cm×3個

[実物大型紙]　B面

・前身頃
・後ろ身頃
・見返し
・前身頃（裏布）
・ポケット

[裁ち方図]

単位cm　縫いしろは指定以外1cm

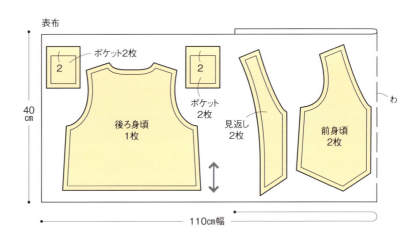

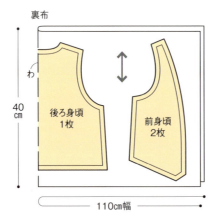

how to make

1 ポケットを作りつける

2 表布の前身頃と後身頃の肩を縫う

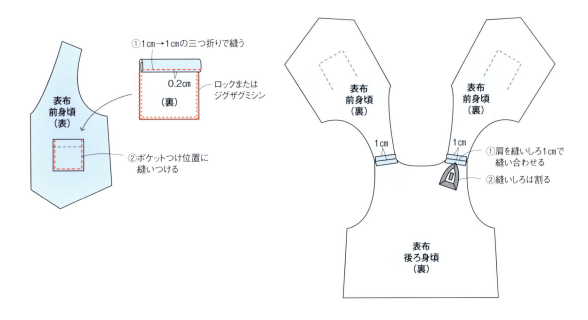

3 裏地を縫う

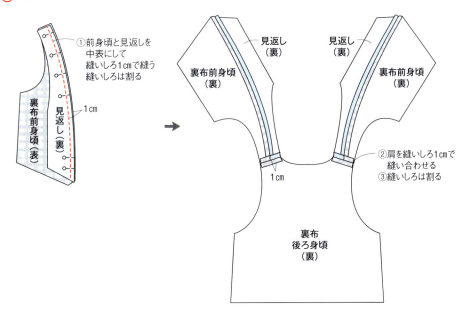

4 表地裏地を縫い合わせる

5 脇を縫う

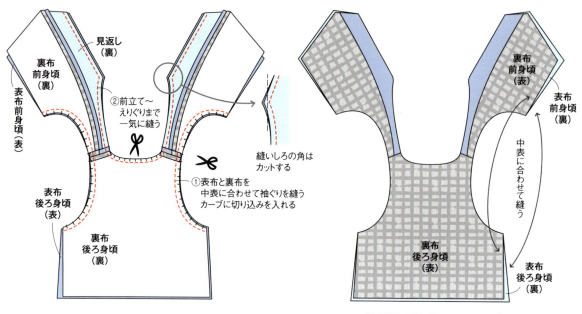

6 裾を縫う

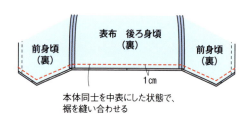

7 返し口からひっくり返す

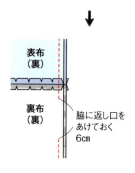

8 ボタンをつけて、ボタンホールを作る

おめかし蝶ネクタイ

photo p.19

[材料]

本体用布　縦10cm×横22cm
リボン　縦10cm×横5cm
ボンドまたは両面テープ

[裁ち方図]

単位cm　縫いしろ込み

how to make

1 上下をセンターへ折りたたむ

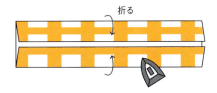

折る

2 左右を1cm重なるように折りたたむ

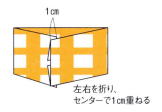

1cm

左右を折り、
センターで1cm重ねる

3 蛇腹に折りたたみむ

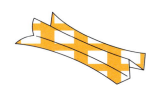

蛇腹に折りたたむ
ボンドか両面テープでとめる。
または縫いとめる

4 リボンを作る

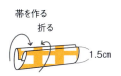

帯を作る
折る
1.5cm

5 本体にリボンを巻きつけて縫いとめる

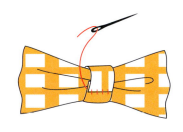

帯を巻いて
1cmほど重ねて
ボンドか両面テープでとめる。
または手縫いでまつる

9 ガーランド
photo p.20

[材料]
- まんまるガーランド
  表布 直径7.5cm、10cmの布を好きな枚数で
- さんかくガーランド
  表布 高さ16cmの二等辺三角形（ぬいしろ込み）の布を好きな枚数で
- 共通
  ひも 好きな長さで

[寸法図] 単位cm

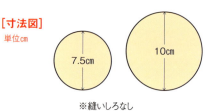

※縫いしろなし

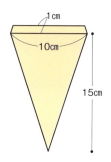

how to make

〈まんまるガーランド〉

1 目打ちで上部に2つ、穴をあける

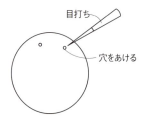

2 ひもを通す

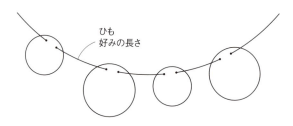

〈さんかくガーランド〉

1 アイロンで折り目をつける

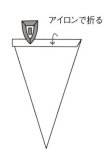

2 本体を並べて、一気にミシンで縫う

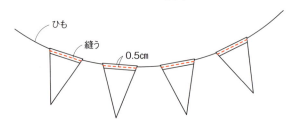

カシャカシャにぎにぎ

photo p.20

[材料]

本体用布　12cm×12cm×6枚（※縫いしろ込み）
持ち手用布　6cm×35cm
ゴム（12コール）　15cm
面ファスナー　2cm幅×2cm
ペットボトルのフィルム　1枚

[裁ち方図]　単位cm　縫いしろ込み

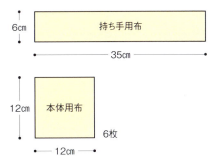

how to make

1 ゴムひもを作る

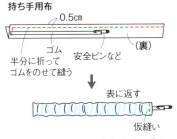

ヨコ半分に折り、上からゴムをのせる。片方の布端とゴム端を合わせ、ゴムもいっしょに図のように周囲を縫う。
※ゴムのもう片方には、安全ピンなどをつけておく。
中身を引っ張り出すようにして表に返す。
ゴムの端を引き出して布端に仮縫いしておく。

2 本体用布3枚ずつを横に縫い合わせ、2枚作る

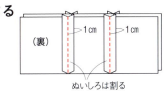

3 2枚を中表に重ね、上にフィルムを重ねる

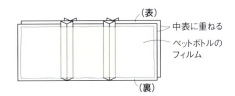

4 本体の間に1のゴムひもを挟み縫う。返し口をあけておく

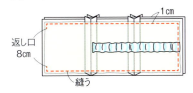

5 表に返してステッチ。返し口を縫う

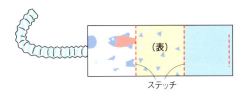

6 面ファスナーを縫いつける

point

※面ファスナーは最後につけます。赤ちゃんの肌に当たらないように、写真のような向きで縫いつけましょう。

S ころころボール

photo p.21

[材料]

本体用布　約18cm×8cm×6枚
(2種類で作る場合は3枚ずつ)
綿
鈴
ひも

[実物大型紙]　B面

[裁ち方図]　単位cm　縫いしろは指定以外1cm

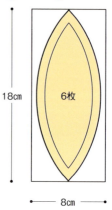

18cm　6枚　8cm

how to make

1 パーツを中表で縫い合わせる

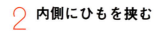

1cm / 縫う / (裏)

2 内側にひもを挟む

ひもを挟んで縫い合わせる / (表) / (裏)

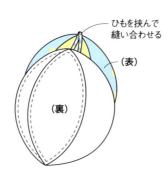

3 2組作り、中表に合わせて縫う

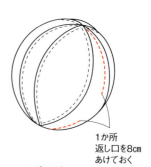

1か所返し口を8cmあけておく

point

6枚を一度に縫い合わせるよりも、3枚ずつを縫い合わせて2組作り、それを縫い合わせるようにするとずれにくいです。

4 返し口から表に返し、綿と鈴を詰めて返し口をとじる

コの字とじでとじる / (表)

ゆらゆらテトラモビール

photo p.21

[材料]

本体用布　縦8cm×横16cm（縫いしろ込み）
ひもまたはリボン　25cm
綿　適量

[寸法図]

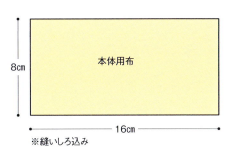

※縫いしろ込み

how to make

1 横半分に折りたたんで縫う

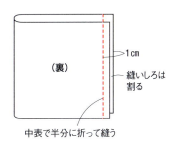

2 リボンを挟み込み縫う

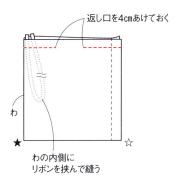

3 たたみ方を変えて縫う

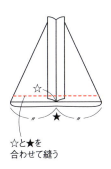

4 表に返して綿を入れ、返し口をとじる

U ノーカラーコート

photo p.22

[材料]

表布（ボア）　80cm×110cm幅
裏布　80cm×110cm幅
レザーボタン　1個

[実物大型紙]　B面

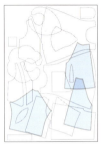

・前身頃
・後ろ身頃
・袖

[裁ち方図]

単位cm　縫いしろは1cm

表布　※裏布も同様

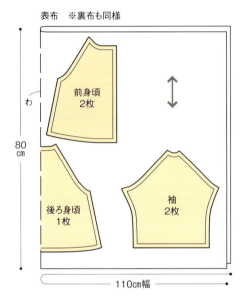

how to make

1　本体を作る

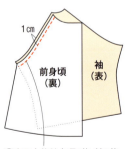

①表の本体前身頃2枚、袖2枚、後ろ身頃の5つのパーツを中表にしてそれぞれ縫い合わせる

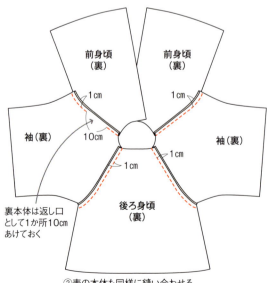

裏本体は返し口として1か所10cmあけておく

②表の本体も同様に縫い合わせる